СВЕТСКА
КЊИЖЕВНОСТ

Уредник
СИМОН СИМОНОВИЋ

На корицама:
„Месец изнад Каназаве“, триптих, Утагава Хирошиге
1857.

ПЕСМЕ СТАРОГ ЈАПАНА
Одабрао
Милош Црњански

ПЕСМЕ СТАРОГ ЈАПАНА

Одабрао
МИЛОШ
ЦРЊАНСКИ

РАД

ПЕСМЕ СТАРОГ ЈАПАНА

О трешњев цвете,
Како си сличан животу.

Лирска песма Јапана, била је одувек под утицајем старе Кине. У почетку мање наметљив, тај утицај је у средњем веку био општи, и постао узрок многих препева и подражавања.

Јапан је, као некад Италија, из Грчке, примао, из Кине, огромне и старе, своје рукописе, што су имали утицаја као преписи грчки у ренесанси.

Кинески утицај скупио је све снаге у цару. Цар је био једини, који приноси жртве небу и земљи, плодовима и кишама. Вера у две противности, мушког и женског, од којих је све постало, али која није дуалистичка, постоји од памтивека и најстарија предања нису друго до безброј знакова и обреда, који замењују речи и осећаје пред безмерном огромношћу и дивотама васионе. Живот се био непомичном меланхолијом претворио у обреде.

Громови и жртвеници, који и данас стоје у вртовима, лепшим него Версаљски, сећају старих обреда и молитава небесима и земљи, водама и семену. Разне светковине, које сад председник републике више у Кини не врши, о зимској раводневици, орање царево о Новој години, све је то остатак прастаре вере везане за плодност јесени, за изворе и мразеве. Тремови Самоће, Чанг Кунг, храм са плавим и зеленим колонадама још стоји над мраморним терасама иза Пекинга, као што стоје и стари храмови у Јапану. Њино је зидање срачунато за оног, који ће узвишен, виђен од неба и земље, брда и ветрова, у свили, на којој су извезени сви небесни знаци, окружен принчевима и мандаринима, свирачима и играчицама, изводити покрете, по броју и збиру деветке, по којима су зидани стубови терасе глеђосане и плаве. Молиће се да жита роде. Храм Неба, са терасама, окружен прастарим дрвећем, пун је ваздуха, богови су симболи и дуси пролећа и јесени. У тој религији су се одржале најстарије и најпоетичније мисли. (Legge: *Sacred books of the East.*)

Живот, земља и бројеви у непрекидној су вези. Земља око гроба, воде под земљом и звезде над њом, имају и после смрти тајанствену моћ, о којој треба водити рачуна.

У Северу, у залеђеној води, под земљом, спојени су принципи света, од чијег је стапања и варијација постало све остало, мушко – јанг и женско – јин. Живот је игра њиних стапања и растапања. Све се креће у једном кругу, који се састоји из преплетања, мушкога и женскога. Све што се у њему креће налево мушко је. Ту страну је поштовао народ, који се држао реда небеског. Све што се креће надесно женско је. Ту страну поштоваху отмени, који се држаху реда земаљског. Почетак је усред Севера, при зимској равнодневици, означеном знаком који значи дете, јаје, семе клице. Осталих 11 знакова ређа професор париске Сорбоне Марсел Гране, у књизи *Poliginie Sororale*, по реду времена, идући налево и према Истоку. У почетној тачки, у Зими, Северу, још су једно, недељени, оба, космогонијска принципа: мушки и женски. Састају се кад је женско превалило 20 а мушко 30 станица, зато је то, у годинама срачунато, доба брака.

Знаци, који постају њином варијацијом ванредни су, али њино тумачење не спада овамо. То прастаро веровање – у вези са календарским сујеверјем – оставило је трага у најстаријој лирици кинеској и јапанској.

Зима, Север је извор животворних снага: мада је вода мртва под ледом, ипак је снага зиме у води. У јесен се жртвује морима, великим рекама, чувеним изворима, безданима, рибњацима, кладенцима. При крају жетве, слави се Па–Ча, светковина умирања усева, стародревна сељачка слава, када тежаци старе Кине позиваху све ствари на свету да се врате у Зиму. Враћаху у своја скровишта бубице, биљке, дрвеће. Тада је дејство, јина на врхунцу моћи; не копа се више земља, не смеју се бушити кладенци, све су ствари затворене и скривене, животиње у зимском сну спуштају главе у јаме.

Да ли је то двојство: јанг и јин, различито па ипак једно, крајњи смисао, који се једва може назрети, није јасно. Доцније каже Лао–Це, по Жилијеновом преводу: Тао (смисао, пут, дух, ум) рађа једнину, једнина рађа двојство, двојство рађа тројство, тројство рађа сва бића.

Космолошки симбол тих мисли – мало доцније, таоистички круг – и данас је један од најдубљих знакова Истока. Зове се Таи–ги–ту. Два принципа, јанг и јин, једно у другоме, светло и тамно. Мушко је космогонијски створитељ, ведар. Женски знак се шири, космогонијски је зачет. Само се интуитивно могу схватити, динамични су, не механички. Нису противности. Ништа их не може избећи, ништа не може остати неостварено. Све мора из мира у постојање. Јанг је знак непомичан, он је тишина. Јин личи на врата, склапа се и отвара. Јанг кад расте представља Сунце, јин, двоструко, значи Месец. То је најстарија прошлост лирике кинеске.

Више од занесеног и дивног Лао–Цеа, благости свемоћне и мутне, философа изабраних, кога упоређују са Платоном, утицао је на Јапанце, осим будизма, кинески рационалист Конг–Фу–Це, кога покаткад упоређују са Сократом, мада то значи преврнути хронологију и нема много смисла. Уређивач вере, државе, закона за стотине милиона људи, он је пре свега велики скупљач светих књига и предања и историјска личност (551 – 479. пре наше ере). Коментатор, утврђивач обичаја, у свом систему етичких савета, моралних и државних одредаба, које су постале религија, без мистике, заноса и тајанства, влада над више људи, него икоји бог. Тај светитељ, одличан чиновник, познавао је добро људе и покрио их мрежом јасних и простих истина. Под том мрежом створио је кинеску државу, која је, по њему, требало да личи на мравињак. Сократ и Декарт поновили су већину његових мисли.

На дну свога бића мора да је ипак био мутан, али то није откривао гомили. Волео је музику и обреди који су за Њега, врше се уз свирку. И данас у његовом родном месту, Киу–Феу, показују лепу дворану и павиљон храма за музику. Једанпут у години у име царства, један од најотменијих мандарина, са шездесет и два учесника улази ту са свирком кроз црквену тишину и корача светом идолу, где је жртвеник. (Couchoud: *Sages et poétes d' Asie.*)

Тада звона започињу песму, прате их хорови, па инструменти са струнама. Звонке плоче завршавају и одржавају звуке до идуће строфе. Тако се изводи, у каденци, врло лагано, химна. Састављена је од шест строфа од осам стихова, сваки стих од четири величанствена самогласника, изражен сваки пуном нотом. Химна се не само пева, њу тако рећи исписују по тлу две групе играча, који са дугим перјем и кратком фрулом представљају, при сваком слогу, слова тј. замисао.

За Њега обреди не беху само узалудни покрети, или празни облици; – говорио је: жалост је само видан облик бола, или: треба устати кад пролазе слепи, а ништа не мењати у стану покојника.

Најстарије мисли претопише се код њега у систем моралних обавеза, поштовања родитеља, чиновника и мртвих. Добар организатор, тражио је владара код кога би остварио своје принципе. Тумарао је и путовао. Стар и скрушен вратио се у завичај и спасао оно, што је стара Кина завештала и преко Кореје, предала Јапану. Учио је око три хиљаде ученика.

„Вода запљускује над главом. Несрећа, али није срамота.“

„Волим живот и волим дужност, али ако не могу да имам обоје, пропуштам живот и држим се дужности.“

Све до VIII века јапанска лирика толико је дивља и примитивна, да од све збирке архаичних и кинеских трагова нема ништа разумљивог за нас. Од тих раних песника остао је само херој, цар Џиму, страшан ратник, у чијој се песми још слика речима које значе море, ветрове и грозне, морске, крволочне ракове. Текст тих крвавих песама, везаних за име Царева, сачувао се у царској гарди, која их је све до VIII века певала, и завршавала, у хору, ужасним смехом који је одјекивао ноћу по зидинама палате.

Права поезија тога доба сачувала се у прастарој вери и обредима, док је монашки будизам није истиснуо. Текстови тих обреда, звани *Norito*, свечане литургијске реченице, дуге и компликоване, не спадају овамо, мада је у њима сачувана велика и драматична поетичност стварања земље, старе митологије и народних предања.

Али одмах после архаичне, непреводљиве лирике, јављају се јасни поетични текстови, сасвим слични кинеским.

То је лирика импресија, забележена тако брзо и непосредно да ни медитација не може да се утисне. Слог, слово, није само знак, идеограм, него и слика, а главна брига је дати видик, даљину, небеса. Сенчења нема: све је ваздух. Много је, дакле, јасног, али и скривеног, у тим песмама, и нужан би био бескрајан коментар израза. Љубав није никад платонска, већ сензуална, а стихови су пуни алузија, које странац и не примети. Песник је цртач, са својим словима, а слова немају никакве везе са гласом: она су симболи и ствари. Јапанци су се дуго мучили да се отресу кинеског утицаја, који је у њиховој књижевности имао већу улогу од грчког и талијанског утицаја у Европи. Најчешћа је форма: неколико кратких редака, по пет или седам слогова.

Око VIII века држава је имала већ сталне границе и престоница је била Нара; зато се тај век назива Столеће Нара. Будизам је преко Кореје прешао море и као талас преплавио јапанска острва. Кинеска бронза и дрвена скулптура, сликарство на свили и раскош, приспели су на јапански двор, где су писале читаве групе песника. Универзитет, са факултетима историје, класичне књижевности, права и математике ширио је неодољиво кинеску науку и књижевност. Око X века, јапанска лирика доспева до свог класичног богатства. Као и сликарство, и лирика је пре свега ванредно брза белешка импресије. *Ништа што се у прози може помислити, не улази у лирику.* Дидактична песма за јапанског песника била би, каже Ревон, „врхунац апсурдности“. Најобичнија форма песама је тзв. тханка, кратка песма од пет редака, са по 5, 7, 5, 7, 7, слогова. Лирика столећа *Нара* скупљена је у антологији *Мањошу*, то јест књизи од „миријаду листића“. Њени песници сматрани су за светитеље. Текстови су нежни и благо страсни, као провансалски и тоскански из истих столећа.

Песма царице

У доба када је двор још номад, жена цара Јуријаку (V век) овако заповеда дворкињи да цара понуди вином:

> Величанственом сину Сунца
> које сјаји са висине,
> дивном,
> као цветови,
> изобилном
> као лишће
> камелије,
> са пет стотина грана,
> што расте и буја
> крај храма Првог класја,
> на благој узвишици,
> високе престонице,
> Јамата,
> царско вино,
> дубоким поклоном,
> понудите.

То је леп пример дуге уте (старе песме) која је певана. Шеснаест стихова, једна једина реченица. Камелија је у Јапану читаво дрво са густим грањем и црвеним, дивним цветовима. Цареви су, у јапанској митологији, потомци Сунца.

ПОСЛЕ СТОЛЕЋА НАРА

ЦАРИЦА ЏИТО
690-696.

Можда је пролеће прошло
и долази лето,
јер, ено, небесни брег Кагу,
бели се од одежда,
што се суше.

ХИТОМАРО
VII век

Ову дугу ноћ,
дугу као дуги реп
златнога фазана,
што се вуче по брду,
зар да проведем сам?

Хитомаро, најчувенији од песника ове збирке.

АКАХИТО
VIII век

Јамабе но Акахито добио је, као и Хитомаро, на-
зив: мудрац песништва. Пратио је на путовању цара
Шому; доцније, на Истоку, спевао је ову песму пред
чувеним вулканом, светим брдом Јапана, који се, као
пирамида покривена снегом, издиже над водом. Песма
има два дела, једну дугу уту и једну кратку тханку, што
мало сећа на романски *envoi*.

Откако се оделише
небо и земља,
светао, у својој небесној самоћи,
блиста високи
врх Фуџи,
земље Саруге.
Док сам га посматрао,
загледан у небеса,
Сунце је потамнело
од његове сенке.
Месец је потамнео
од блеска његова врха.
И облаци бели,
оклеваху да га пређу.
А снег на њега непрестано
веје.

Тханка:

Исплових из увале Таго,
па се загледах у небо,
како, на сасвим бео,
високи врх Фуџи,
непрестано веје.

ОКУРА

Место лаких импровизација на дворским ручковима, дворјанин и путник Окура, о коме се не зна ни где се родио, ни кад је умро, овако се јада, у једној дугој ути:

Ове ноћи, у пљуску кише,
помешаном ветром,
ове ноћи у мећави снега,
помешаној кишом,
шта ћу и куда ћу?
Тако је хладно.
Грицкам, жваћем
залогаје тврде рибе.
Пљуцкам, срчем,
талог киселог вина.
Кашљем, кашљем,
Сав сам кијавичав,
гладим ћосаву браду.
Зебем,
покривам главу,
простирком од конопља,
ритама без рукава,
свим што имам.
Па ипак, у овој зимској ноћи
има још већих бедника,

него што сам ја.
Њин отац и њина мајка
гладују и зебу,
а жена им и деца
плачући лелечу.
Како ти проводиш
ово зимско доба?
Небо и земља,
мада су безмерни,
за мене су тесни.
Сунце и Месец,
мада су сјајни,
мени не светле.
Да ли је за сваког тако,
или само за мене?
Људски сам и ја створ,
саздан као и други,
па ипак, моје одеће
немају ни рукава,
нису ни постављене,
од конопља су,
прње и дроњци,
што ми висе са рамена,
као морске травуљине.
Живим у опалој колиби,
на голу земљу стресам
мало сламе.
Отац и мајка чело главе,
жена и деца код ногу,
купе се око мене
и уплашено стењу.
Са огњишта ми се не диже дим
по котлу ми паук преде.
Заборавило се кувати,
и мало пиринча.
Док они, као тичурине,
криче око мене,
да ми сасвим смркне,

ето пред вратима урла
кмет и зове на кулук,
са бичем у руци.
Зар је то живот одувек на свету?

Али је, тај фини познавалац кинеског песништва,
умео да напише и нежне, ружичасте, стихове, са лепим,
кинеским предговорима. Тако, у једној краткој ути –
најлепше преведеној од професора универзитета у То-
кију, Карла Флоренца (*Geschichte der japanischen Litteratur*) –
– овако пише о љубави према деци, у свом предгово-
ру: – Свети Буда учио нас је златним устима својим: „ја
волим људе исто толико колико свог јединца“ – и даље
нас учаше: „нема љубави веће, од љубави према чеду
своме“.

Кад једну лубеницу имам,
мислим на децу своју:
кад кестен један једем,
жељан сам деце своје.
Откуд ми се то јављају сад,
лебде преда мном као сенке,
да не могу да заспим.

Тако је блага и она снохватица са цветом шљиве,
који се бацао у вино, да би мирисало, као што се цвеће
трешања, симбол пролазности, метало у чај:

Цвет шљива
јавио ми се у сну, шапћући:
Види како сам леп.
Не дај да узалуд опадам.
Пусти да пливам у вину.

ЦАР ТЕНЏИ
668-671.

Слама бедних колибица,
по јесењим пољима пиринча,
прокишњава;
зато су ми свилени рукави
влажни од росе.

Ова чувена песмица је доказ човекољубља најстаријих царева Јапана. Роса, у последњем стиху, значи сузе, којима цар оплакује сиромаштво својих земљорадника.

ПРИНЦЕЗА НУКАДА

Драгана цара Тенџи, принцеза Нукада, већ у то доба, умела је да својој слутњи да овако болан и фини израз:

Непомична од жуди,
чекам те, Господару.
Тада ми завесу,
лако додирну,
дах јесењег ветра.

ОХТОНОМО

Охтономо но Табибито живео је за царице Геншо (715-723). Постоји предање да је био прогнан на острво Кјушју, где је своје изгнанство олакшавао пијанкама:

Пијем,
и то је боље,
него уозбиљено труђати.
Боље је напити се,
па кричати.
Узмогнем ли
да будем весео
у овом животу,
шта ће ми да у оном другом
будем тица, или нека буба?

ДОБА ХЕЈАН

Када је Кјото постао престоница, завлада дуг мир, тако да се варош назва (године 794) „Хејан јо", што значи: „град мира". У IX, X и првој половини XI века, место царева влада велмошка породица Фуџивара, али се исувише одаје весељу и уживању. Двор је зборно место младости, слободног морала, луксуза који инспирише уметност и песништво.

Сви дворјани и дворкиње тог времена пишу песме и проводе своје време у дивљењу цвећу и импровизацији песама на утакмицама песничким. Њине збирке песама постају узори.

Збирка песама, тог времена се зове: *Кокиншу*, раздељена на 20 књига, са 1100 песама. Подељена је на одељке: Пролеће, Лето, Јесен, Зима, Честитке, Растанци, Путовања, Љубав итд. Све су песме „кратке", већином последице песничких конкурса. То је рафинована, дворска поезија.

ЕПИСКОП ХЕНЏО

О, ветре небеса,
духни, затвори
путање небеса,
да ови девојачки уди
играју још мало.

Јошимине но Мунесада беше кнежевског рода. После смрти цара Нимио, године 840, оде у монахе и назва се Хенџо, поставши епископ.

Једног дана, кад је присуствовао свечаности Првог класја, плесу отмених девојака, оне су га толико очарале, да их упореди са небесним телима, која се спуштаху са неба и враћаху кроз облаке. Израз: „ветар небесни“ значи још и царску реч, дакле епископ је замолио цара, да нареди продужење плеса.

ГОСПОЂА КОМАЧИ
834-885.

Цвеће ми свену
у дугој ноћној киши.
Прошла сам светом,
загледана у себе,
узалуд.

Песникиња славна по лепоти. Песме су јој пуне игре речима, нарочито цењених у јапанској лирици. Прича се да је, после развратног живота, завршила просјачки. Други је, као нападнуту Сафо, бране. О њој Тсурајуки пише: да је слична лепој жени, али са нечим болесним у себи.

У то доба, будизам и аскеза, песимизам и занос пантеистички сасвим је био обузео дворске кругове. То је болна мешавина философије разних секташа, (*Boudhisme japonaise*. Annales du Musée Guimet.)

МОНАХ КИЦЕН

Колиба ми је југоисточно,
далеко од престонице,
па живим.
А људи, ипак називају,
брдом туге, овај брег.

Монах Кицен, један од „шест светитеља песме“,
становао је у колиби, на брду Уџицама, чије име значи:
брдо жалости, пустоши, даљине. Стихови могу значи-
ти: станујем на брду жалости, па ипак сам миран и
задовољан, зашто дакле називати свет брдом туге? А
могу значити и: побегао сам од света на овај брег, али
и његово име сећа ме да је живот бедан. Уредник збир-
ке Тсурајуки, мада га поштује, пребацује му неразум-
љивост и каже: „његове речи имају дубок смисао. Личе
на јесењи Месец, али кад га застиру јутарњи облаци“.

НАРИХИРА
825-880.

Планине још леже у снегу,
али полако долази пролеће,
скоро ће се истопити
сузе, смрзнуте
у оку славуја.

Чувен по љубавним авантурама. Драган царице, био је херој јапанског романа Исе Моногатари. Још и сад, у Јапану, његово име значи мушку лепоту.

ТСУРАЈУКИ

Не, људи;
никад се њино срце не упозна,
али у моме родном крају,
мирише цвеће,
као и пре.

Уредник књиге *Кокиншу*, био је чиновник. Он је створио јапанску прозу. Вративши се, после дужег времена, у завичај, пошао је да посети пријатеља, који се зачуди, кад виде да се Тсурајуки још сећа пута. Тада је, откинувши гранчицу једне шљиве, импровизовао ове стихове.

ТОМОНОРИ
845-905.

Зар и данас,
кад је пролетње небо
тако мирно,
немирно цвеће трешања
опада?

МИТСУНЕ

Кад бих је хтео узабрати,
узабрао бих је оклевајући,
ту белу хризантему,
скривену,
под првим ињем.

Ова песмица, из збирке *Јесен*, има више објашње-
ња, која су, свако за себе, нове песме. Коментатори је
различито тумаче. Иње је пало на хризантеме и по-
крило их све, како да погодим која је бела? – Ове хри-
зантеме под ињем тако су мирне; како бих радо да не
распем то иње, узабраћу једну, али ће ми рука дрхтати.
– У овој белини иња, како да погодим цвет, само на-
сумице могу пружити руку итд.

ГАДАМИНЕ

Од кад се растадох од ње,
ледне као зора,
још бледе од месечине,
за мене нема ничег тужнијег,
од јутра.

Ова песма, из збирке *Љубав*, сматра се као једна од
најлепших. Песник је – крај свег бола – доживео 99 го-
дина.

ЦАР КОКО
885-888.

Од цара Коко, који је владао свега три године, дошавши на престо у својој 54. години, сачуваше ову песмицу, коју је написао својој старамајци:

> За теме сам
> изашао у пролетња поља,
> да узберем прво биље,
> док ми још падају пахуље снега
> на свилене рукаве.

МУНЕЈУКИ
X век

У селу, на планини,
зимска самоћа све већа,
не види се више уоколо
ни поглед људски
па ни биље.

КОРЕНОРИ

У раној зори,
тако да се чини
јутарњи Месец,
бели се снег
на селу Јошино.

Песник је на путу, изненада, импровизовао ову пе-
смицу. – Јошино је планинско село, које јапанско
песништво слави нарочито због његових трешања.

НАКАМАРО

Загледао сам се
у далека небеса...
то је онај исти Месец,
што се диже сад, са планине Микаса,
у мојој Касуги.

Накамаро (VIII век) на студијама у Кини, присуству-
је гозби, у његову част, на обали мора, пре поласка у
свој завичај. Сећа се родног краја и пева му, из туђине
ову песму. При повратку, лађа му је потонула.

МИЧИЗАНЕ

Немам при себи, свилене молитвенике,
брдо жртвеника, Тамуке!
Овог пута,
ево Ти руменог, јаворовог лишћа,
за богове.

Сугарава но Мичизане, у књижевности Кван–ке, најславнији државник IX века и научник, поштован као Тенцин, бог краснописа. То је најбољи познавалац кинеских мудраца, и науке уопште, до столећа Хејан. Био је министар за цара Уда; после његовог силаска са престола, прогнан са двора на острво Кјушју, где је умро године 903. Једног дана, пратио је цара до једног храма, на брдо Тамуке, близу престонице. Као обичан поданик није могао понети свилене листиће, исписане молитвама – уобичајену жртву за богове. Тада је импровизовао ове стихове, дохвативши прегршт увелог лишћа.

ТОШИЈУКИ

Вали запљускују
увалу Суминое...
чак и ноћу, кад ти идем
по путевима сна,
кријем се од људи.

Гардијски официр, из силне породице Фуџивара, умро у својој 27. години, године 907.

СЕМИМАРУ

Долазећи и одлазећи
овде се растаје.
Познати и непознати
ту се сусрећу:
царинарница Осака.

Царинарница Осака – о којој је спевао горњу песну песник Семимару – беше на путу према источном мору, у ланцу планинском који дели Кјото од источних провинција. Сви су путници морали туда проћи, крај стражаре царских војника, тако да је то место збиља било „брдо састанака“. Бивши чиновник, песник је, отишав са двора, ту саградио колибу, и, кад је ослепео, завршио је своју старост седећи пред њом и свирајући.

МОНАХ ЕИКЕН

У самоћу
кућерка мога,
обраслог биљем,
куд нико не долази,
дошла је јесен.

Живео је у X веку као пустињак.

ЈОШИНОБУ
X век

Као ватра потпаљена
на стражи двора царског,
ноћу светла,
дању угасла,
моја је жудња.

КИНТО

Мада већ давно не пљушти,
пљусак водопада,
глас му се ширио
тако далеко,
да се још чује.

Фуџивара Кинто (966-1041) уредник збирке „скуп-
љених остатака“, *Šuiši*, био је најчувенији између че-
тири државна саветника (ши–нагон), који су око године
1000, дакле у пуном сјају класике, нарочито слављени.
Био је мајстор „трију уметности“, кинеске и јапанске
поезије и музике, толико, да је, једном приликом, о
свечаности породице Мичинага, када су три чуна, за
главне представнике „трију уметности“, дошла на ре-
ку Ои, оклевао у који чун да уђе. Ова је песма алузија
на један водопад, који у његово доба више није по-
стојао, али који беше и тад још славан, мада је био
намештен два столећа пре, за цара Саго. Комадић ве-
чности.

СЕИ ШОНАГОН

У глувој ноћи
можда и вара глас петла;
на моме
брежуљку састанка,
тога нема.

Песникиња чувена по духовитости. Из велмошке породице, била је дворкиња царице Садако. После бурног живота завршила је бедно. Једне ноћи, беше у посети код ње саветник Јукинари, али посета испаде кратка. Он јој сутрадан написа писамце, у коме се извињавао како му се причинило у ноћи да чује глас певца. Она му је сместа одговорила овим стиховима.

Први редови су алузија на кинеску анегдоту: Кнез Мошоку, заробљен у непријатеља, успео је да утекне, са својим друговима. У бекству по ноћи стигоше до царинарнице Канко кукван, чије се бране дизаху тек зором. Тада неки Кеимеи, верна слуга кнежева закукурика тако природно да певци у суседству свих прихватише. Тако буновни стражари отворише бране. Сеи Шонагон иронично и ласцивно додаје, да код њене Осаке („брежуљак састанка") тога не може бити.

Ова класична успомена, на овом месту, чини се Јапанцима врхунцем духовитости.

САДАЈОРИ

У праскозорју,
магле, са увала Уџи,
дижу се полако...
врхови мрежа, у даљини,
појављују се у плићаку.

Син песника Кинто. Занесен и загледан у јутарње воде импровизовао је ову песму.

АРХИЕПИСКОП
ЏОСОН

Треба да се гледамо
са сажаљењем,
трешњо на брду!
Осим тебе цветне
никог драгог немам!

Живео у XII веку. Умро у својој 81. години. Ову песмицу импровизовао је у дубокој старости, пред једном расцветаном трешњом, на брду светом Охмине, која је усамљена стајала, иза села Јошино.

МАСАФУСА
1040-1111.

Процветале су
трешње у песковитој дољи.
О сад само да не падне,
са ближњих гора,
магла!

МОНАХ ХРАМА
ХОЏОШИ

Одвеслах
до сињег, дубоког мора.
Беле вале, на пучини,
не разликујем више,
од облака.

То је бивши министар председник, управитељ двора, силни Фуџивара но Тадамичи (1096–1164). Иза слике се крију будистичке мисли.

ХОРИКАВА

Да ли ће то трајати дуго..
ко зна шта је у твоме срцу?...
Пробудила сам се од страха,
и као моја црна коса
замршене су ми мисли.

Дворска дама.

СЕНЕКАДА

Кад погледах онамо,
откуд се чула
кукавица,
угледах само Месец
у зору.

Из велможке породице (1198. отишао у монахе).

Хитодоку, јапанска кукавица, не личи на нашу. Њен тужан, мелодичан глас нарочито цене и спомињу у јапанској лирици. Њена песма не јавља само смрт, него над пољанама пиринча даје сељацима знак, да почну радове.

ЏАКУРЕН

Још се нису сасушиле ни капље
бивших поплава,
а, по врховима четинара,
пада опет магла,
вечери јесење.

Монах Џакурен, с краја XII века. Песма се чини само уобичајени лирски пејсаж. Међутим, један њен коментатор мисли да су ти стихови монаха, дакле песимисте, са употребом „вечери јесење" и „магле", речи које су, у јапанској лирици, увек меланхолични знаци, више него опис. Они значе по њему: пре него што један бол умине, други већ долази и пада на нас, као магла.

МОНАХ САИГИО

Замислих се и растужих,
тада, беше ли то Месец, што ми рече:
сузи?
На моме бледом лицу,
ево сузе.

Племић Сато Јошикијо (1118–1190), љубимац цара Тобе, био је срећан муж и отац. Потресен смрћу свог пријатеља оде у монахе, у својој 23. години. Лутао је од самостана до самостана. Месец значи, у јапанској лирици, будилника успомена, отуда горња слика.

Крај класичног периода јапанске књижевности, која је не само у лирици, него и у другим родовима литературе имала ванредне успехе, пада отприлике у доба око 1200. године. Настаје доба страшних, средњовековних метежа и ратова. Покушај овог кратког приказа јапанске лирике био би непотпун кад се не би наговестила у том сјајном добу дворске књижевности и народна песма, тзв. „имајо ута“. Оне се разликују од пређашњих по томе, што су састављене од четири стиха, сваки стих од две поле, по 7 и 5 слогова, тако да стих са 7 слогова стоји испред оног са 5 слогова. Потпуно под кинеским утицајем, те песме су сасвим будистичке, песимистичке, са радошћу пролазности. Крај неизвесних песника предање везује најславнију за име монаха Кобо Даиши (774–834). У њој је извесним редом поређано свих 47 гласова јапанског језика, тако да их, већ столећима, употребљавају деца у школи као стихове за меморијал.

Мада красно шарени
цвеће свене.

Што би и могло бити
вечно на свету?

Далека брда пролазности,
приђем ли данас,

Бар нећу гледати празне снове,
ни опијати се светом.

ХАИКАИ

Јапанска лирика, која је у средњем веку цветала, под утицајем Кине, тако ванредно, била је у опадању све до XVIII века, за време феудалних ратова и метежа, све до поновног процвата дворског живота и дворског песништва.

У XIV, XV и XVI веку, крај незнатних царева, владали су „шогуни“ – јапански велики везири – и породице њине биле су се и крвавиле непрекидно. Цареви су тада играли улогу богато украшених лутака.

На обалу Кине и Кореје нападају јапански гусари; а кинеска наука се заборавља. Књижевни рад се врши још само по манастирима будистичких монаха, који су, једини, сачували љубав писања. Дивна престоница доба Хејан била је толико разрушена, да је данас обично рибарско село. У њему се сачуваше два речита споменика тог времена: храм бога рата, и један огромни Буда, који гледа непомично, са осмехом расветаним као лотос, пролазност свега.

Једна стара песма, из тих времена, казује јасно стапање очајне људске душе са природом, опевајући брег Мимoрo, који је био свети врх старе вере Шинтоа:

> Месеци и дани
> пролазе једнако.
> Мимoрo брег,
> остаје,
> навек.

Тек од године 1603. једна нова породица шогуна, породица Токугава, враћа земљи мир и благостање, тако да и књижевност још једном цвета, у последњем напону до XIX века, када је и Јапан примио европске појмове и узоре књижевности и, на жалост, напустио своје.

У то доба мира и реда, чак и до најнижих слојева народа допире богатство и многих старих, али и новијих књижевних текстова. Одричући се кинеских мистика и песимиста, почиње да се јавља ново, оригинално песништво јапанско, у још краћем, ситнијем облику, од кинеског стиха. Почетак те нове, оригиналне јапанске лирике прилично је помешан са истовременим зачетком комичне прозе тзв. Хајбун–ом, и комичне поезије, последње епохе јапанске књижевности, често пуне врло масних шала.

Дотадања, дворска поезија држала се кинеског стиха, или своје старе форме лирске тзв. уте. Сад, ово ново песништво ствара своју форму, свој нарочити стих тзв. хаику.

Утакмице песника, у стварању и изговору стихова, омиљене и уобичајене у бившем, раскошном добу књижевности, одомаћиле су у Јапану обичај духовне, кинеске игре тзв. ренге. Половину старог стиха тзв. тханке, изрекао би неко, а другу половину, у стиховима, допунио би други. Тако се први део тханке претворио у самосталан стих од 5, 7, 5 слогова, и због игре и комичног садржаја добио име хаику, што значи, комични стихови.

Доцније тај облик постаје стих финог и нежног израза, сличице, причице, и песници га тако лако употребљавају да постоји предање како је један песник у једном храму, за један дан, изрекао 20.000 хаикаија.

Скоро сваки од тих стихова пева, хвали, милује, грли, природу. Дрво, цвет, неки пејсаж, годишње доба, или такву тицу, или какво брдо, пут, воду. Та безгранична, будистичка љубав и мешање свога бића са природом, није ново у јапанској лирици.

Нов је, међутим, у томе песништву био облик стиха, ситан, свега 17 слова, једна непрекидана реченица, у ствари кратка као уздах.

Да би се разумео дух тих сићушних, дивних песмица, које личе на мале и ванредне јапанске пејсаже, треба прочитати у одличном есеју Луја Кушуда: *Јапанска атмосфера* (*Atmosphére Japonaise*) – писаном у Јапану – следеће редове:

Фебруара, под снегом, цветају шљиве. Око њих се тада скупља и жагори, у дивљењу и поштовању. Оне које су најуморније, подупиру штакама. Захваљује им се што су цветале и замирисале у доба које је још рано и хладно.

Фебруара године 1904. шљиве су процвале неколико дана после огласа рата. Ипак, нимало мање но иначе, слављене су и те године.

Април је време ванредног цветања трешања. Цвет трешње је најнежнијег састава од свих – само ако мало ветар духне, или почне киша, не дотраје више од три дана. Зато га баш и највише воле. Гомиле, као опијене, поздрављају лаке магле цветова. Дуж све обале око Токија, оивичене трешњама, чунови одлазе и враћају се по браздама од цветића. Свет путује по два дана само до села Јошина, брда обрасла трешњама. Многи одлазе још даље, у густе шуме, да поздраве понеку усамљену трешњу, која се бели међу јелама.

Мало доцније расцветају се брескве. Те брескве не роде бресквом, као ни трешње трешњом, ни шљиве шљивама. Оне нису калемљене, нити одомаћене. Воле их ради њених дивних цветова...

Није тај осећај љубави према природи оно што је чудесно, већ то, да се проширио у целом народу.

Сећам се – пише Луј Кушуд – једног кулија што је вукао колица, у којима сам путовао, једног дана, када беше мећава. Пут је био рђав, човек уморан. Он се осврну к мени. Мишљах зато да ми се изјада. Не, само зато да би ми показао једну кукуљачу од снега на једном дрвету.

То дивљење лепотама природе довело је јапанско песништво до израза који је сигуран и леп када пева ма које доба годишње. Тако једна ута из пређашњих векова описује пролеће овако:

Ово је дивно доба годишње,
када се пријатељи и непознати
састају по путевима...
– Сви рукави, кад се додирну,
миришу.

И те просте песмице исто су тако обичне у Јапану, као и оне вазе и лакови, плаћени скупо и смештени у музеје европске, што су некад красиле једну обичну кућу јапанску.

Песник хаикаија, хаијин, пре свега је сликар, у смислу загледаности и познавања своје земље, својих брда. Као што су јапански сликари средњега века, сликали мора и планине по кинески, тако су и јапански песници средњега века, песници ута, певали по кинески, са многим алузијама, метафорама, значењима. Песник хаикаија се ослободио тих традиција.

Најбољи познаваоци јапанске књижевности, професори Revon и Florenc, као и најбољи познавалац хаикаија, Basil Hall Chamberlain, много греше што хаикаи називају *епиграмом*, јер он то није, и сасвим је различит и од римског и од грчког епиграма.

Међу првим песницима хаикаија, један од најславнијих био је монах Сокан (1465–1553), који је завршио свој живот као пустињак.

Сви ти који су постали чувени својим хаикаијима били су путници, пешаци по пољу и шумама, и провели су живот дивећи се и ноћи и Месецу, расцветаним трешњама и јесени на брегу, живећи у сиротињи, по колибама, често као монаси и пустињаци и скитнице. Тако је први међу хиљадама испевао хаикаи:

Месец,
додајте свилени рукав,
па је лепа лепеза.

Затим, по кинеском узору, загледан у зимски снег, спазивши тицу:

Чујем јој глас,
иначе би та чапља
била пахуља снега.

Савременик његов *Арикида Моритаке*, спевао је познати, чувени хаикаи, загледан у лептира:

Гле, опао цвет
враћа се на грану:
ах, то је лептир.

Песник хаикаија воли сваки покрет биља и животиња, и у својој безграничној, будистичкој љубави и самилости, сматра се близак инсекту, дрвећу, свему што цвета и процвета, свему што бива и прође. Лакоћом, којом јапански цртач црта, песник хаикаија пева – своје песмице. Он путује и бележи. Бамбус је за њега витак као и гејша неке вароши, каже Кушуд. Задовољан је и у колиби, само ако унаоколо има биља. Та будистичка љубав према биљу и променама видика, одавно је постојала у јапанској лирици. И пре, песник Асон „очаран цвећем трешања које опада", застао је у једном селу да преноћи, и заборавио пут у завичај. Једна стара песма пак тепала је брегу Миморо овако:

...никад да те се нагледам.
У подножју твом цветају ашибе,
камелије красе ти врх.
Као уплакано дете,
које треба миловати,
чиниш ми се,
љубљени бреже.

Тек песници хаикаија распростреше по свом Јамату свој занос љубави према пролећу и јесени, цветању и воћки, зими и снегу. Скитачи са својим кишобраном или сунцобраном, они су путовали по земљи, не сасвим при себи, не сасвим будни. Живећи по гостионама, на друмовима, они су познавали сваког и били питоми и навикли се на самоћу и растанке. Прелазили су брда по месечини, без извесног циља путовања, само да би били ближе небу. Одмарали су се у тишини манастира, а бдили су по врховима планина, загледани у Месец.

Ретко су њине песмице биле баналне, или ван тог будистичког мешања са природом и њеном пролазношћу. Тако је изузетак један, тј. три хаикаија песника Шоке, са краја XVI столећа, који су постали врло популарни, јер су у варијацији од исте слике казивали разне карактере тадања три политичара, три властодршца Јапана. Тај хаикаи, за првог шогуна који се зваше Нобунага, гласи:

Не запева ли,
убијмо је,
кукавицу.

Исти хаикаи за другога шогуна, који се звао *Хидејоши:*

Не запева ли,
распевајмо је,
кукавицу.

А за трећег, који се зваше *Јејасују:*

Не запева ли,
причекајмо,
кукавицу.

Најславнији међу свима хаијинима у то доба беше *Башо* (1644–1694). Родио се у жупи Ига, у породици великаша, самураја, и васпитан је заједно са сином жупана свога краја. Тај његов друг умро му је изненада, а Башо, тада шеснаест година, толико се згрозио од те смрти да одбеже у манастир, у планину. Годинама је ту живео, међу будистичким монасима, учећи се књизи и уметности. Скитница по брдима, он је проводио године у посматрању јесени и пролећа, пупљења и венења. Путујући сам и сиромашан, он је био добар и милостив и према људима и према стварима. Мали, комични хаикаи, он је начинио светим, мистичним, болним уздахом над светом. Учећи код мислилаца у Једу, он је и сам стекао ученике. Монаси књижевници, трговци, жене и деца долажаху да га слушају. Живећи, у том граду, у кући свога пријатеља, крај врата са бананама (башо), примио је име тога воћа за свој књижевни псеудоним. Свет се тискао да га чује и види у његовој тишини и сиротињи.

Када му беше 38 година, задубио се у проучавање доктрине будистичке што се зове *Зен*. То проучавање — каже Кушид — здружило га је са његовим професором, али и са слугом тога професора, који није имао ни појма о философији, али се и тако неначитан довинуо највиших висина размишљања, у души. Тада, у огромном пожару године 1683, који је спалио скоро цео град, једва је спасао главу. Из запаљене шупе, у којој је дотле становао, спасао се само тако, што је главачке скочио у базен са водом, у врту.

То му показа да будизам збиља право учи да је цео живот људски као кућа у пламену, и да је на овом свету све неизвесно. Од тога дана он је лутао по свом Јапану. А онај ко је хтео да учи код њега морао је да га следи. Прелазио је планине и живео на дну шума, заустављао се крај вода, рушевина и на пољанама негдашњих битака. Био је задовољан и у најсиромашнијој гостиони. Разбојника и лопова се није бојао, јер беше толико сиромашан, да је на олтару свога дома имао свега неколико шљунака, у част: „Буде који силази са планине".

Носећи неколико књига, путовао је као сиромашак. Позиван и од најбогатијих и најотменијих он се хранио хладним пиринчом. Живот му је прошао чист.

На путовању, у својој педесетој години, у гостима код песникикиње Сомојо, умро је. Сахрањен је крај једног језера.

Хаикаи, пре њега једна мода, постао је у његовим рукама, најчистији израз јапанског будизма. Његова слава као песника бескрајна је.

О песницима, својим савременицима, имао је своје мишљење. Смејао се онима који цео век проводе клепајући стихове. Смешио се богатима који чине стихове као деца, што воле да се играју. Дивио се онима који се сасвим предају хаикаију да би њиме постигли живот мислиоца и мистике. „Тих ако има десеторица у целом царству.“

За њега је песништво било верски занос, а хаикаи, писани путем, љубавно шапутање.

Тако је на чувеном бојном пољу Хира Изуми, презирући ратове, написао *хаикаи:*

> Гле, биље пролећа!
> траг снова
> безбројних ратника!

Негде пак, на путу, у сажаљењу према мајмунима:

> Прва киша зимска.
> Мајмуни прижељкују
> огртаче од сламе.

Загледан у сјајни Месец, одморивши врат:

> Два-три облака,
> одморисмо врат.
> Гледајте Месец!

То исто, после пробдивене летње ноћи:

Пуна месечина.
Обилазио сам рибњак,
целу ноћ.

Тако, импровизирајући, на обали реке Сумида, где су трешње, у пролеће, тако густе као обласци, овај хаикаи:

Читав облак цвећа,
Звони. Да л' у Јену,
или Асакуси?

На путу, једне зоре:

Пробуди се, пробуди се,
узећу те за сапутника,
лептири мали!

А зими, очаран:

А сад хајдмо, све донде,
док не паднемо
загледани, задивљени, у снег.

Другог једног дана пак — не тако дивног као онај пролећни, када од облака цвећа није могао да разазна откуда допире јек звона — написао је овај:

На голој грани,
једна врана.
Крај јесени.

Негде у пољу, уплашен за живот малог инсекта — у тону св. Франческа Асишког, како примећује Кушуд — написао је овај хаикаи.

Не дирај челу,
што игра на цвету,
врапче, пријатељу!

Једног дана, ходио је Башо са својим најмилијим учеником, лекарем, који се зваше Кикаку, друмом. Тада, изненада, његов ученик, спазив црвеног коњица, изрече овај хаикаи:

> Црвени коњиц,
> скините му крила,
> зрно паприке.

Башо, индигниран, поправи га тада овако:

> Зрно паприке,
> додајте крила
> црвени коњиц.

Једном пријатељу који га је посетио, у његовој колиби пред смрт, крај језера Бива, изрекао је овај хаикаи:

> Скору смрт,
> ништа не јавља,
> у песми попца.

Кад су га, на самртном одру, ученици замолили да им каже последњи свој хаикаи, он је одбио испрва, али затим рече овај:

> Оболео на путу,
> у сну, на пустом пољу,
> лутам.

Најпознатији ученик Башоа, био је *Кикаку*. Еномо-то Кикаку, „један од десет мудраца“, живео је од 1661. до 1707.

Рођен у области Оми, у месту Катака, имао је весело детињство. Породица му није била сиромашна. Отац му беше лекар, те и син постаде лекар „биљем“, како пишу његови јапански коментатори. (*Les Haikai de Kikakou. Crés, Paris*). Дугогодишњи научник, постао је после скитница и пијаница. У једној колиби близу вароши Једо, живео је са своја два пријатеља, у сиротињи; имали су свега један јорган. По њиним песмицама називају Јапанци читаву једну епоху хаикаија: *школа Једо*. Познат је његов лепи и тужни хаикаи, о променљивости:

> Севање муња,
> јуче на Истоку,
> данас на Западу.

Затим његов хаикаи:

> Поветарац с мора.
> На дну празног чуна,
> Један мали рак.

Или онај, пут будистичке самилости, за време жеге:

> Заливајте све дотле,
> док не попрскате,
> и зрикавце и тице!

Или онај јутарњи:

> Приносим ову гранчицу,
> расцветане шљиве
> са сновима своје ноћи!

Или:

> Звезда зорњача.
> Збркана слика:
> Цветови трешања, или пахуљице снега.

Или:

Међу цвећем,
изненада,
лице нашег синчића.
Славуј пева
прву своју песму,
висећи са гране.

Поводом овог хаикаија који приказује славуја, опијеног радошћу, како виси главачке са гране, као неки мајушни гимнастичар, луд од среће, од прве љубави, коментатор Вакаки каже: Којешта – никад нико није видео славуја да пева у тој позитури.

Пред једном лутком
шољица вина.
Ипак, нешто недостаје...

Хајде де – каже коментатор Мајсетсу – што му је недостајало, уз женицу и вино, била је просто *већа* шоља.

Пред славује,
једна мала жабица
клања се.

Диван је и нежан овај хаикаи Кикакуа, који је спевао пред зору, уморан од брањења постеље своје мале кћери:

Петао већ пева.
Најзад, одлазе комарци,
Мала моја Тамако!

И онај раздрагани:

Па ко да се држи
пет заповести?
Кад трешње цветају.

И онај шаљиви:

Муња севну
по небу.
Сељаци се гурају.

Његов друг беше *Мукаи Киораи*, један од најскром-
нијих ученика Башових, од кога је познат хаикаи:

На брду,
ево седим сам,
као гост Месеца.

Као и онај други, са путовања:

Коњаник,
пустио коња да пасе,
загледан у Месец.

Као и онај нежни:

Дуга сабља на земљи,
неког ратника, загледаног
у цвеће.

Исто је тако познат ученик Башоа и *Хатори Ран-
сетсу*, који је живео од 1654. до 1707. Леп је и сенти-
менталан његов хаикаи:

Увео лист
пада полако,
на надгробни камен.

Песник хаикаија *Тешитшу*, који је живео од 1610.
до 1673. замуцао је од дивоте, кад је угледао расцве-
тане трешње, на брду, код села Јошина. Тада је спевао
овај особито цењени хаикаи:

Гле, гле,
само толико,
брег Јошино, сав у цвећу.

Хаијин *Риубаи* умео је да нађе овако нежан израз
свог посматрања:

И кад се смириш,
дрхћу ти крила,
лептири мали.

Тако су ванредна и ова три хаикаија песника *Киква-
на*, који је био под јаким утицајем кинеске лирике.
Први, написан после купања, када није знао куд да
проспе воду, у страху, да не убије и најмањи живот:

Окупах се,
куд ћу воду вривену?
Свуд зује бубице.

Други, написан на путу, као проста и лепа
забелешка:

Кровињара у планини.
Покрај зденца,
расцветана шљива.

Трећи, горак и резигниран:

Ето, то је гроб
Канешире јунака.
Хват пиринча.

Хаијин *Изембо*, богаташ, који је свој живот прово-
дио као скитница, дотерао је био дотле да је покушао
да своју песму изрази, свега у три речи, скоро исте:

Дошао пљусак,
дошао сам с пута,
дошло је плаво небо.

Песник, пак, *Хокуши*, коме је изгорела кућа, стајао је за све време пожара у свом врту, загледан у расцветано дрвеће.

Тако га затекоше и пријатељи, који беху дотрчали, да му се нађу на муци. Он их је, смејући се, дочекао овим хаикаијем:

Кућа ми је горела,
а ја сам гледао цвеће,
како опада.

Тако је, резигнирано и мирно, мислио и хаиџин *Ониȹсура*, који је живео од 1661. до 1738. Мада није припадао Башовом кругу, Башо га је јако ценио. Под дрвећем, када је опадало лишће цветова, написао је овај лепи хаикаи:

Још један цвет.
Тако пролази
Живот.

У XVIII веку, још једном је песништво хаикаија имало своје велике песнике. То је последње цветање јапанске лирике, пре њене европеизације. Тада живљаше песникиња *Каȱа Но Џио* (1703 – 1775), много поштована у јапанској књижевности.

Славан је њен хаикаи, што га је написала једне зоре када је своје ведро, на бунару, нашла све обавијено ладолежом. У дубокој, јапанској љубави, није хтела да покида цвеће, већ је отишла у комшилук, да позајми воду. Још је чувенији њен хаикаи о смрти њеног малог сина. Тај хаикаи гласи:

Да хваташ лептире,
ала отрча далеко,
далеко.

Ту песмицу цео Јапан зна.

Најпосле, међу последњим песницима хаикаија је сликар *Бусон*, из Осаке. Он је живео од 1716. до 1783.

Чувен као сликар, био је чувен и као песник. Путовао је, као и Башо непрестано, живећи међу брдима, процвалим дрвећем, водама и манастирима. Једне ноћи загледан у Месец, расејан, непажњом својом запалио је кућу, тако да су читаве улице уоколо изгореле. Његове песме су као слике.

Просто,
анемона у ћупу:
сеоски храм.

Пун успомена,
попех се на рушевине:
расцветане дивље руже.

Мој лопов
поста мој ученик;
јесење путовање.

Негде на друму нападнут, без игде ичег драгоценог при себи, песник је од лопова начинио сапутника и ученика, весео у свом будизму.

Пролећна киша:
путују, у разговору,
огртач од сламе и кишобран.

Она га бојажљиво поздравља,
и мења место
цвета у коси.

Расцветане шљиве
чине се као мртво дрвеће,
у бледој месечини.

Почиње јесен.
Пале светиљку у даљини.
Сумрак.

Жар под пепелом.
Кућа под снегом.
Поноћ.

Све су то хаикаи фине, сликарске осетљивости, која
је помало већ прециозна. Тако у овом хаикаију:

Пада јесења киша,
један миш трчкара
по коту.

Кото је познати стари инструмент јапански, нека
врста као харфе, положена при свирци, по поду.
Такве болне префињености је и један други његов
хаикаи:

Оне коју чекам,
како се далеко чују кораци,
по опалом лишћу.

Без сапутника,
у потпуној самоћи,
Месец ми је друг.

Најпосле, у то доба био је познат нарочито песник
Исса, који живљаше од 1763. до 1827. У својој безгра-
ничној доброти, прави будист, кажу да је у својој петој
години, кад је изгубио мајку, испевао овај хаикаи:

Са мном,
сироти врапци,
ходите да играте!

Биографи причају да никад није хтео убити, ни му-
ху. Разумљива је, отуда, и његова помоћ нападнутој
животињици, негде на путу:

Суха жабо,
не дај се:
Исса је ту!

ПЕСМЕ СТАРОГ ЈАПАНА
Одабрао
Милош Црњански
*

Издавачко предузеће РАД,
Дечанска 12, Београд
radbooks@eunet.yu
*

За издавача
СИМОН СИМОНОВИЋ
*

Коректура
БОЈАНА ГРБИЋ
*

Графички уредник
НЕНАД СИМОНОВИЋ
*

Штампа
Елвод принт, Лазаревац
*

Тираж: 1500

CIP - Каталогизација у публикацији
Народна библиотека Србије, Београд;

821.521-1(082.2)
821.521.09-1

ПЕСМЕ старог Јапана / одабрао Милош Црњански.
- Београд : Рад, 2008 (Лазаревац : Елвод-принт). -
72 стр. ; 20 цм. - (Светска књижевност / Рад)

Тираж 1.500. - Стр. 5-10 : Песме старог Јапана

ISBN 978-86-09-00979-2
1. Црњански, Милош (уредник)
а) Јапанска поезија - 7-18в
COBISS. SR-ID 146565132